Sangre Gorda, entremés; estrenado en el Teatro de Apolo el 30 de abril de 1909

Serafín Alvarez Quintero, Joaquín Alvarez Quintero

SANGRE GORDA

SEGUNDA EDICIÓN

SERAFÍN Y JOAQUÍN
ÁLVAREZ QUINTERO

SANGRE GORDA

ENTREMÉS

Estrenado en el Teatro de Apolo el 30 de abril
de 1909

A MARÍA PALOU

MORENA Y SEVILLANA

POR ADMIRACIÓN DE SU PERSONA Y DE SU ARTE

Los Autores

REPARTO

SANGRE GORDA

Habitación en casa de Candelita, linda costurera de Arenales del Río. Una puerta a la izquierda y otra a la derecha. Al foro una ventana sin reja, que da a un patio lleno de luz. Pocos muebles. Entre ellos una máquina de coser, un costurero y un bastidor para bordar.

Candelita, sentada cerca de la ventana, cose y canta a la vez, desasosegada y nerviosa. Ella es una pólvora, como suele decirse, y se halla, además, en un momento crítico de su corazón.

CANDELITA.   «Grande pena es la de un siego
                  que no ve por donde va,

Digo, a descosé; porque ahora tengo que descosé esta manga. *Lo hace de un tirón.* Por poquito la rompo. Y luego, pague usté la tela... ¡Mar fin tengan los hombres!... *Cantando como antes.*

«Grande pena es la de un siego
que no ve por donde va...»

Se levanta repentinamente de un salto. ¡Ea, que no coso! ¡que no coso y que no coso! ¡Si no pueo cosé! ¡Si por las uñas me está saliendo elertrisidá!... ¡Ay! *Pasea, se sienta, se levanta, se abanica y no está un punto quieta.* ¡Ay! Es que se dise muy pronto, señó: dos años. ¡Dos años! Se dise muy pronto: dos años. Ya está: ¡dos años! Enero, er carnavá, la cuaresma, la Semana Santa, la primavera, er verano, los baños en er río, la vendimia y las sambombas de Nochebuena. ¡Dos años! Y empiese usté otra vez con enero y acabe usté con er Niño Dios. ¡Dos años! Se dise muy pronto: ¡dos años! Dos años viniendo a mi casa día por día ese plomo de hombre, gustándole yo—porque sé que le gusto,—gustándome é—porque eso es lo más malo, que ér me gusta,—y sin haberme dicho toavía: «Candelita... arrímese usté a mí, que vi a ensendé un sigarro.» ¡Ay, qué sangre más gorda le ha dao su Divina Majestá! En to Arenales der Río no

Siéntase otra vez a coser. De tos modos: no lo sufro más. ¡Yo no voy a pasarme la juventú aguantando a ese chinche! De hoy no pasa; no pasa. *Canta de nuevo.*

«Dos vereítas iguales:
¡cuár de las dos cogeré!
Si cojo la de mi gusto
mi perdisión ha de sé.»

Ahí viene ya. Ya siento sus andares. Pa echá una pierna le píe permiso a la otra... y no se lo da toas las veses. ¡Jesú!

SANTIAGO. *Dentro.* ¿Ze pué pazá?

CANDELITA. Adelante. *Pausa.* ¡Adelante! *Nueva pausa. Levantándose y abriendo la puerta de la izquierda.* Pero ¿se ha muerto usté?

Sale Santiago.

SANTIAGO. Me estaba escondiendo... Güenos días. Me estaba escondiendo las correíyas de las botas. Como zé que a usté no le gusta que ze me vean...

CANDELITA. ¿Y no ha tenío usté tiempo en toa la mañana pa esconderse las correíyas?

SANTIAGO. Tené tiempo, zí he tenío tiempo; zino que no me he acordao hasta er momento mesmo en que pregunté zi ze podía pazá. ¡Las cozas e la me-

CANDELITA. No se mancha: no tenga usté cuidao.

SANTIAGO. Es la costumbre der café.

CANDELITA. Ya.

SANTIAGO. ¿Zu papá de usté está güeno?

CANDELITA. Está güeno: grasias.

SANTIAGO. ¿Y zu mamá de usté, está güena?

CANDELITA. *Atajando el padrón.* Está güena toa la familia.

SANTIAGO. ¿La hermanita güena también?

CANDELITA. ¿No le digo a usté que toa la familia?

SANTIAGO. ¿Y tito Juan?

CANDELITA. ¡Tito Juan es hermano de mi madre!

SANTIAGO. Pero ¿está güeno?

CANDELITA. ¡Ay!

SANTIAGO. ¿Qué le paza a usté?

CANDELITA. Nada.

SANTIAGO. Vi a zentarme ya. *Acerca una silla a la de Candelita, y le sacude el asiento como a la otra.*

CANDELITA. ¡La costumbre der café!

SANTIAGO. Ezo mesmo.

CANDELITA. Si no fuera usté ar café perdería la dichosa costumbre.

SANTIAGO. Poco va a durá. Porque vengo notando hace doz años que er café me ercita.

CANDELITA. ¡Sí! ¡Si lo que le conviene a usté es sarsaparriya, pa refrescá la sangre!

tute, y por fin la hermanita, que zi laz amigas, que zi qué zé yo qué... Totá: que noz han dejao zolos a usté y a mí.

CANDELITA.   Pos tenga usté cuidao no se quee usté solo der to.

SANTIAGO.   ¿Es que va usté a zalí quizás?

CANDELITA.   ¡Por peteneras!

SANTIAGO.   ¡Je! Ziempre de guazita.

CANDELITA.   ¡Siempre!

SANTIAGO.   Pero ¿de veras va usté a zalí?

CANDELITA.   Sí, señó: a entregá una farda.

SANTIAGO.   ¿A qué hora?

CANDELITA.   ¿Qué hora es?

SANTIAGO.   ¿Hora? Verá usté. Yo arranqué de mi caza a las diez y cuarto. De mi caza ar café, que está ayí a la vera, diez minutos. Totá: las diez y veinticinco. Tomé café con leche... y una copita. Totá: laz once menos cuarto. Fuí a la bodega de don Rufino: laz once menos diez. Discutí con é zi ze zurfatan las viñas o zi no ze zurfatan: laz once y cinco...

CANDELITA.   *Estallando*. Pero, arma mía, ¿no tiene usté reló?

SANTIAGO.   Tengo reló; zino que me gusta carculá la hora en el aire.

CANDELITA.   ¡Es que mientras usté la carcula suena er de la iglesia!

Santiago.   ¡Qué viva de genio ez usté!

Candelita.   No, hijo mío, es que no pué aguantarse que yeve usté reló y pierda tanto tiempo carculando las horas.

Santiago.   ¿Y a que no zabe usté por qué lo hago? To tiene zu porqué. Por zi argún día ze me orvía er reló. Como me acuesto a oscuras toas las noches, por zi arguna vez ze me orvían los fósforos.

Candelita.   ¿Y por qué no prueba usté a andá de prisa un día, por si arguna vez se le orvía andá despasio?

Santiago.   No ze me orvía, no. Ezo va con mi naturá. Yo zargo a mi padre.

Candelita.   Ah, ¿de manera que es herensia? ¿No tiene arreglo?

Santiago.   Ni farta. Er pobrecito de mi padre me lo decía: «Er que anda apriza ez er que trompieza. Déjate dí espacito. Espacito; espacito...»

Candelita.   ¡Pos sí que está usté bien educao! *Se sienta.*

Santiago.   ¡Que zi lo estoy! Mi padre era un hombre de mucha cencia. No abría la boca zi no era pa zortá una márzima. En fin, nació pobre lo mesmo que el hambre, y me dejó los piaciyos e tierra que tengo... Na más una pena ze yevó al otro mundo.

Santiago. Pa er telégrafo; no ze ría usté; pa er telégrafo.

Candelita. *Volviendo a levantarse.* ¡Vamos, hombre! Hiso usté bien en no seguí. ¡Primero que los partes de usté yegaban toas las cartas! ¡Aunque las yevaran andando!

Santiago. ¡Qué viva de genio ez usté!

Candelita. También es herensia.

Santiago. ¿Zí?

Candelita. Sí, señó.

Pausa. Santiago la mira embelesado. Ella, alentando alguna esperanza de que el hombre se anine y rompa de una vez, lo estimula con miraditas zalameras.

Santiago. Ziempre ha de está usté con la riza en los labios.

Candelita. Siempre, no.

Santiago. Delante *mía* por lo menos.

Candelita. Eso es otra cosa. To tiene su porqué, como ha dicho usté antes.

Santiago. ¿Zí?

Candelita. Ya se ve que sí... ¡mala persona!

Santiago. ¡Mala perzona dice!... ¡mala perzona!... ¡Je! *Nueva pausa. Candelita lo mira fijamente. Él la mira también, pero sin darse clara cuenta de la intención que ella pone en sus ojos. Al fin exclama:* ¡Qué gracia

SANTIAGO. ¿Pero qué bicho le ha picao a usté de pronto?

CANDELITA. ¡Que no encuentro un oviyo... que estoy buscando hase dos años!

SANTIAGO. ¡Vaya una coza! No es pa zofocarze de eza manera. *Se asoma a la ventana y se distrae en soplar despaciosamente el humo del cigarro.* Miste, miste cómo ze va el humito.

CANDELITA. (¡Ay! ¡Yo no puedo más! ¡Yo tiro por la caye de en medio!) *Se sienta.*

SANTIAGO. ¿Zale de aquí zeñó Frasquito, er de la Zambrana?

CANDELITA. De aquí sale.

SANTIAGO. A la cuenta de hablá con zu papá de usté.

CANDELITA. De hablá con mi papá, sí, señó.

SANTIAGO. Zon mu amigos.

CANDELITA. Muy amigos. Y ahora tratan de sé argo más. Como señó Frasquito tiene un hijo moso...

SANTIAGO. ¡Ah, zí!... Juan María. Mu zimpático.

CANDELITA. ¿Verdá que lo es?

SANTIAGO. Mu zimpático, y mu formalito... y de lo mejón que hay en Arenales.

CANDELITA. ¡Vaya! Me alegro de que piense usté así.

SANTIAGO. ¿Le gusta quizás zu hermanita de

SANTIAGO. Pero ¿usté ha hablao arguna vez con Juan María?

CANDELITA. ¡Muchas veses! ¿No ve usté que somos vesinos?

SANTIAGO. Guazitas ahora no. Digo que zi ha hablao usté con é de estos particulares.

CANDELITA. ¡Ya lo creo!

SANTIAGO. ¿Cuándo?

CANDELITA. De estos particulares, anoche mismo.

SANTIAGO. ¿Anoche?

CANDELITA. Anoche.

SANTIAGO. ¿A qué hora?

CANDELITA. ¿Hora? Verá usté. *Remedándolo con mala sangre.* Yo acabé de comé... serían las ocho. Sí: las ocho eran; recuerdo que dieron las Ánimas. Estuve luego de palique con Mariquita la de aquí ar lao. Totá: las ocho y diez. Después vino er periódico y le leí a mi papá la sesión de susesos. Totá: las ocho y veinte. En seguía entró usté... y charlamos como de costumbre. Totá: las diez y media. Se fué usté...

SANTIAGO. ¿Pero ze guazea usté, Candelita?

CANDELITA. No, señó: ¡echo las cuentas en el aire, por si argún día se me orvía er reló!

SANTIAGO. Es que a mí me corre priza zabé...

CANDELITA. Es usté muy vivo de genio. Espasito; espasito... que er que anda aprisa es er que tropiesa,

SANTIAGO.   ¿Qué hace usté, niña?

CANDELITA.   ¡La costumbre der café! To se pega.

SANTIAGO.   ¿No le he dicho a usté que me oiga en zerio?

CANDELITA.   Pero ¿quién se ríe?

SANTIAGO.   Usté por dentro, Candelita.

CANDELITA.   Ea, pos ya me tiene usté como un juez, por dentro y por fuera.

SANTIAGO.   ¿Es verdá ezo de que usté le gusta a Juan María?

CANDELITA.   Cruse usté la caye y pregúnteselo usté a é, ya que, por lo visto, es un fenómeno que yo puea gustarle a ese hombre.

SANTIAGO.   ¿Y es verdá que Juan María le gusta a usté?

CANDELITA.   Sí, señó, que me gusta.

SANTIAGO.   ¿Que le gusta a usté?

CANDELITA.   ¡Que me gusta, Santiago, que me gusta! ¿Y sabe usté por qué me gusta? ¡Porque tiene sangre en las venas en vez de manteca colorá! ¡Porque si me ve a la puerta e mi casa, se aserca a mí y me dise veintisinco flores en un minuto! *Se levanta para hacer a lo vivo la escena.* «¡Grasiosa! ¡bonita! ¡carita de sielo! ¡boquita de mié! ¡cuerpesito de pluma, que echas a andá y hasta las farolas de la caye se ensien-

por lo que me gusta ese hombre! *Vuelve a sentarse, pero lejos de él.*

Santiago. *Aplanado por la revelación.* ¡Güeno está! Me ha dejado usté zin temperatura. ¿Es decí que de na me ha zervío a mí vení a esta caza desde hace doz años, un día tras de otro, zin fartá ninguno?

Candelita. El único que ha ganao ha sío er siyero.

Santiago. Deje usté las guazitas.

Candelita. Si es que no entiendo lo que quié usté desirme.

Santiago. *Un poco emocionado.* Zeñó, que de na me ha zervío vení a zu caza tos los días... pa que usté comprenda que la quiero.

Candelita. *Fingiendo gran sorpresa, tras un movimiento de alegría.* ¿Que usté me quiere a mí?

Santiago. ¡Pero zi estoy viniendo tos los días!

Candelita. ¡Hijo de mi arma, también er de las burras de leche viene tos los días a dejá un cuartiyo pa mi madre, y hasta ahora no sé yo lo que le parezco!

Santiago. ¿Va usté a compará una coza con otra?

Candelita. Pero ¿usté me ha dicho arguna vez que le gusto?

Santiago. Yo... yo... ¡yo estoy viniendo desde hace doz años tos los días!

CANDELITA.   ¿A que no?

SANTIAGO.   ¿A que zí?

CANDELITA.   *En tono de burla.* Pos ahora cuando sarga usté, busca usté a mi papá, se aserca usté a é... y le da usté la enhoragüena.

SANTIAGO.   *Con recelo.* ¿La enhoragüena? ¿Por qué?

CANDELITA.   Porque ha sabío usté... que Juan María... se entiende con mi hermana Dolores.

SANTIAGO.   ¿Pero es con Dolores con quien ze entiende Juan María?

CANDELITA.   ¡Naturarmente, arma de cántaro!

SANTIAGO.   *Loco de contento.* ¡Hombre!... ¡hombre!... ¡me güerve la temperatura! Y ezo ¿cuándo ha zío? ¿Cómo ha zío?

CANDELITA.   ¿Cómo había de sé? ¡Como son esas cosas! Le gustó er domingo, se lo dijo er lunes, y se quié casá er martes.

SANTIAGO.   Mu depriza va ezo... ¡pero me güerve la temperatura!

CANDELITA.   ¿Sí, eh? Pos mucho ojo, y no dé usté lugá a que se le vaya otra vez pa siempre.

SANTIAGO.   ¡Yo zeguiré viniendo tos los días!

CANDELITA.   *Aterrada.* ¿Quéeeee?

SANTIAGO.   *Temeroso.* ¿Va usté a prohibirme vení?

CANDELITA.   Lo que le digo a usté es una cosa: que si he de quererlo, tiene usté que tomá una medisina

Larga, ar barcón que da a la caye Corta y a la asotea por er pretí desde donde se ve la Plasuela; después de armorsá voy a casa de la Garbosa a entregarle una farda, a casa de doña Réditos a entregarle una blusa, y a casa de don Andrés a vé si me paga lo que me debe. Y después a la confitería, y después a comprá unos encajes, y después a recogé unos sapatos nuevos... y después donde se me ocurra. Pos güeno: en tos esos sitios quiero verlo a usté ar yegá y al irme. *Santiago se levanta asombrado.* Y si farta usté en uno solo, voy yo a tardá en desirle a usté si lo quiero lo que usté ha tardao en desírmelo a mí. Conque hasta mañana si Dios quiere. *Vase resueltamente hacia la puerta de la derecha.*

SANTIAGO.   ¡Pero escuche usté, Candelita!...

CANDELITA.   Hasta mañana si Dios quiere.

SANTIAGO.   ¡Pero comprenda usté que en tres cayes a un tiempo!...

CANDELITA.   ¡Así se demuestra er cariño! ¡Hasta mañana si Dios quiere! *Éntrase decidida por la puerta de la derecha, dejándolo con la palabra en la boca.*

SANTIAGO.   Hasta mañana zi Dios quiere... Zí; porque de pazao... yo no respondo de está vivo. Conforme der to en que yo tome una medicina pa aclararme la zangre; pero conforme der to también en que eya necezita echarle un poquiyo e jierro a la zuya. ¡Com-

fico.

La que quiera como yo,
sepa que yo le deseo
un novio de lo mejó:
torpe o listo, guapo o feo,
¡pero *sangre gorda* no!

FIN

OBRAS DE LOS MISMOS AUTORES

JUGUETES CÓMICOS

(PRIMEROS ENSAYOS)

Esgrima y amor.—Belén, 12, principal.—Gilito.—La media naranja.—El tío de la flauta.—Las casas de cartón.

COMEDIAS Y DRAMAS

EN UN ACTO

La reja.—La pena.—La azotea.—Fortunato.—Sin palabras.

EN DOS ACTOS

ENTREMESES Y PASOS DE COMEDIA

El ojito derecho.—El chiquillo.—Los piropos.—El flechazo.—La zahorí.—El nuevo servidor.—Mañana de sol.—La pitanza.—Los chorros del oro.—Morritos.—Amor a oscuras.—Nanita, nana...—La zancadilla.—La bella Lucerito.—A la luz de la luna.—El agua milagrosa.—Las buñoleras.—Sangre gorda.—Herida de muerte.—El último capítulo.—Solico en el mundo.—Rosa y Rosita.—Sábado sin sol.—Hablando se entiende la gente.—¿A quién me recuerda usted?—El cerrojazo.—Los ojos de luto. Lo que tú quieras.—Lectura y escritura.

ZARZUELAS

EN UN ACTO

El peregrino.—El estreno.—Abanicos y panderetas o ¡A Sevilla en el botijo!—El amor en solfa.—La patria chica.—La muela del rey Farfán.—El amor bandolero.—Diana cazadora o Pena de muerte al Amor.—La casa de enfrente.

EN DOS O MÁS ACTOS

Anita la Risueña.—Las mil maravillas.

MONÓLOGOS

Palomilla.—El hombre que hace reír.—Chiquita y bonita.—Polvorilla el Corneta.—La historia de Sevilla.—Pesado y medido.

VARIAS

El amor en el teatro.—La contrata.—La aventura de los galeotes.—Cuatro palabras.—Carta a Juan Soldado.—Las hazañas de Juanillo el de Molares.—Becqueriana.—Rinconete y Cortadillo.

Pompas y honores, *capricho literario en verso. Fernando Fé, Maaria.*
Fiestas de amor y poesía, *colección de trabajos escritos ex profeso para*

TRADUCCIONES

I Galeoti.—Il patio.—I fiori (*Las flores*). — La pena.—L'amore che
passa.—La Zanze (*La Zagala*), por GIUSEPPE PAOLO PACCHIEROTTI.

Anima allegra (*El genio alegre*), por JUAN FABRÉ Y OLIVER y LUIGI
MOTTA.

Le fatiche di Ercole (*Las de Cain*), por JUAN FABRÉ Y OLIVER.

I fastidi della celebrità (*La vida íntima*), por GIULIO DE MEDICI.

La casa di García.—Al chiaro di luna.—Amore al buio (*Amor a os
curas*), por LUIGI MOTTA.

Il centenario, por FRANCO LIBERATI.

Donna Clarines, por GIULIO DE FRENZI.

Ragnatelle d'amore (*Puebla de las Mujeres*), por ENRICO TEDESCHI.

Mattina di sole.—L'ultimo capitolo.—Il fiore della vita.—Malvaloca.—
Iettatura (*La mala sombra*).—Anima malata (*Herida de muerte*).—Ch
mi ricorda lei? (*¿A quién me recuerda usted?*).—Così si scrive la storia

AL HOLANDÉS:

De bloem van het leven (*La flor de la vida*), por N. SMIDT-REINEKE.

AL PORTUGUÉS:

O genio alegre.—Mexericos (*Puebla de las Mujeres*), por JOAO SOLER.
Marianela, por ALICE PESTANA.

AL INGLÉS:

A morning of sunshine (*Mañana de sol*), por MRS. LUCRETIA XAVIER
FLOYD.

Malvaloca, por JACOB S. FASSETT, JR.

By their words ye shall know them (*Hablando se entiende la gente*), por
JOHN GARRETT UNDERHILL.

Lightning Source UK Ltd.
Milton Keynes UK
UKHW030649220721
387590UK00006B/287